Bilderbücher II
Sport und Spiel
von
K. F. E. von Freyhold
Mit einem Nachwort von Roland Stark

Manuscriptum

Nachdruck der Originalausgabe von 1906.

ISBN 978-3-937801-38-4

© Manuscriptum Verlagsbuchhandlung
Thomas Hoof KG · Waltrop und Leipzig 2008

Band Sport u. Spiel

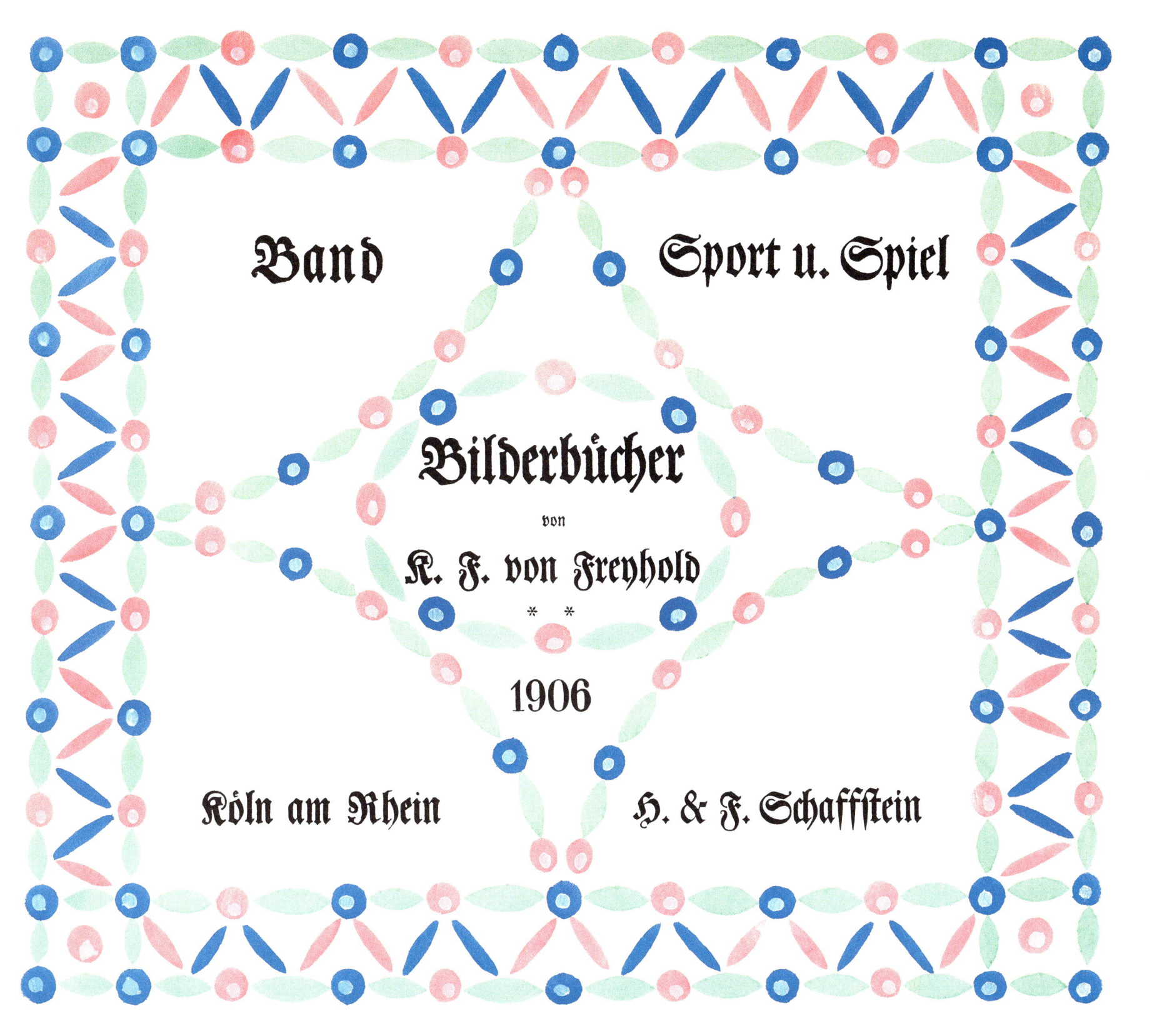

Bilderbücher

von

K. F. von Freyhold

* *

1906

Köln am Rhein   H. & F. Schaffstein

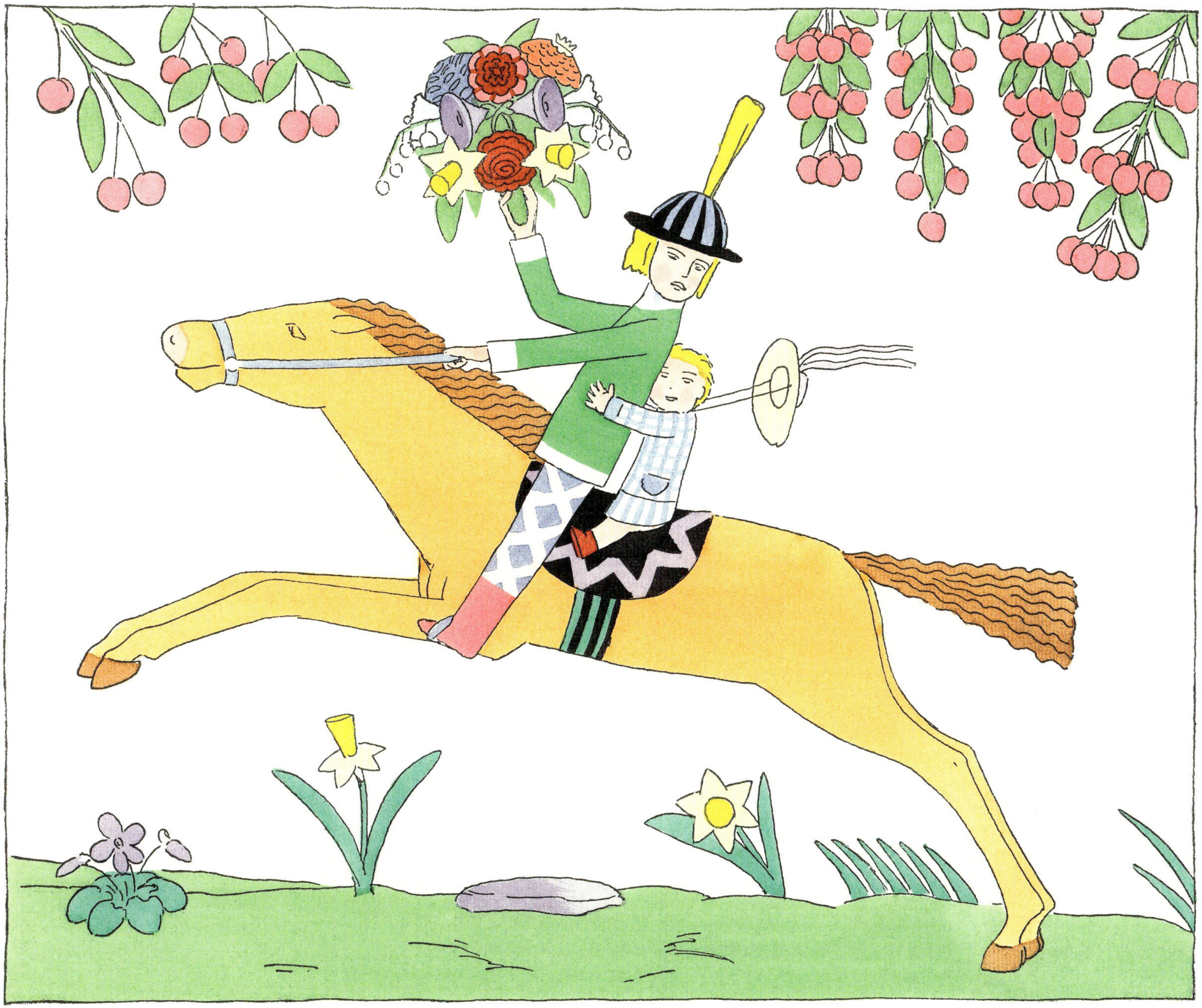

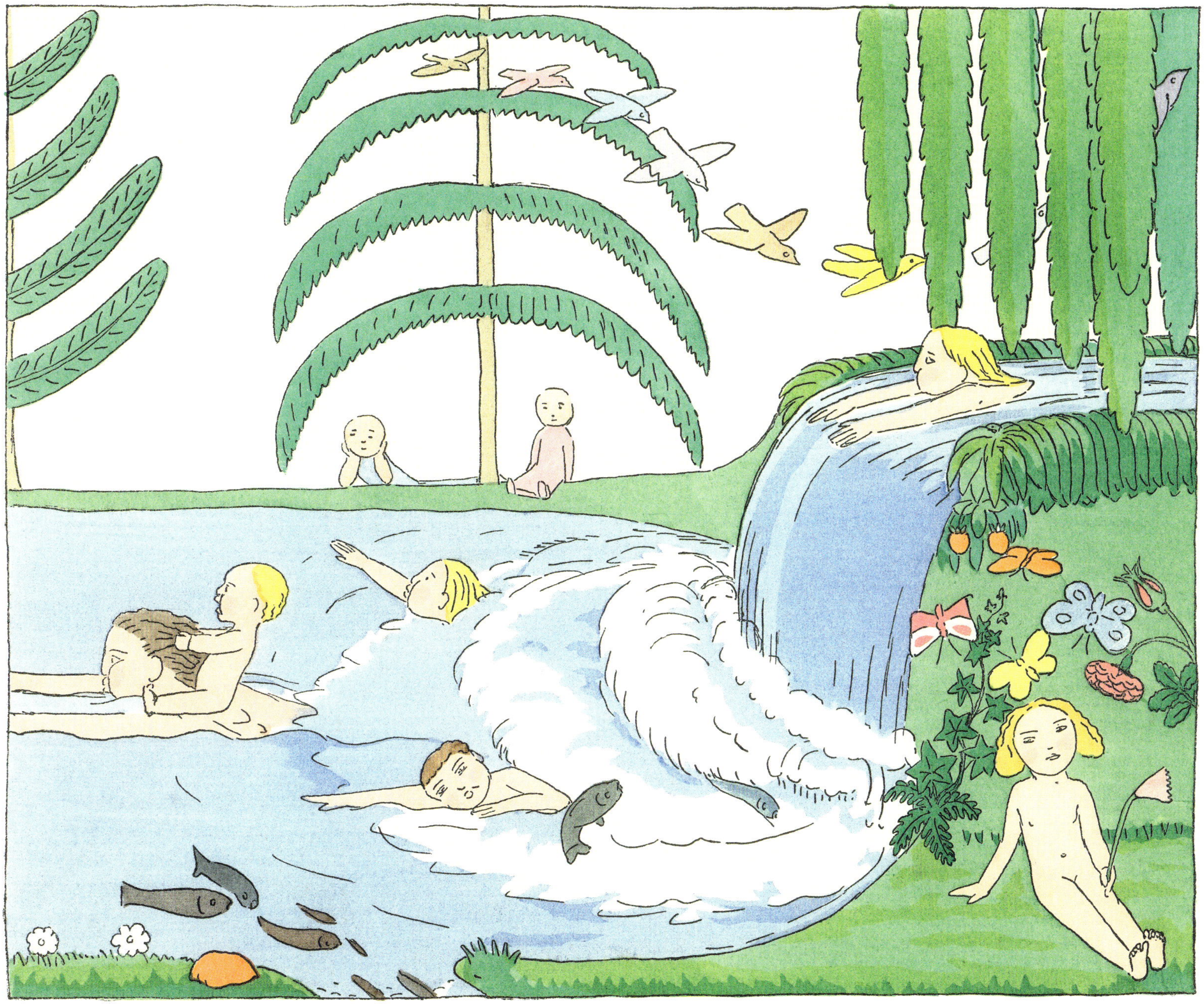

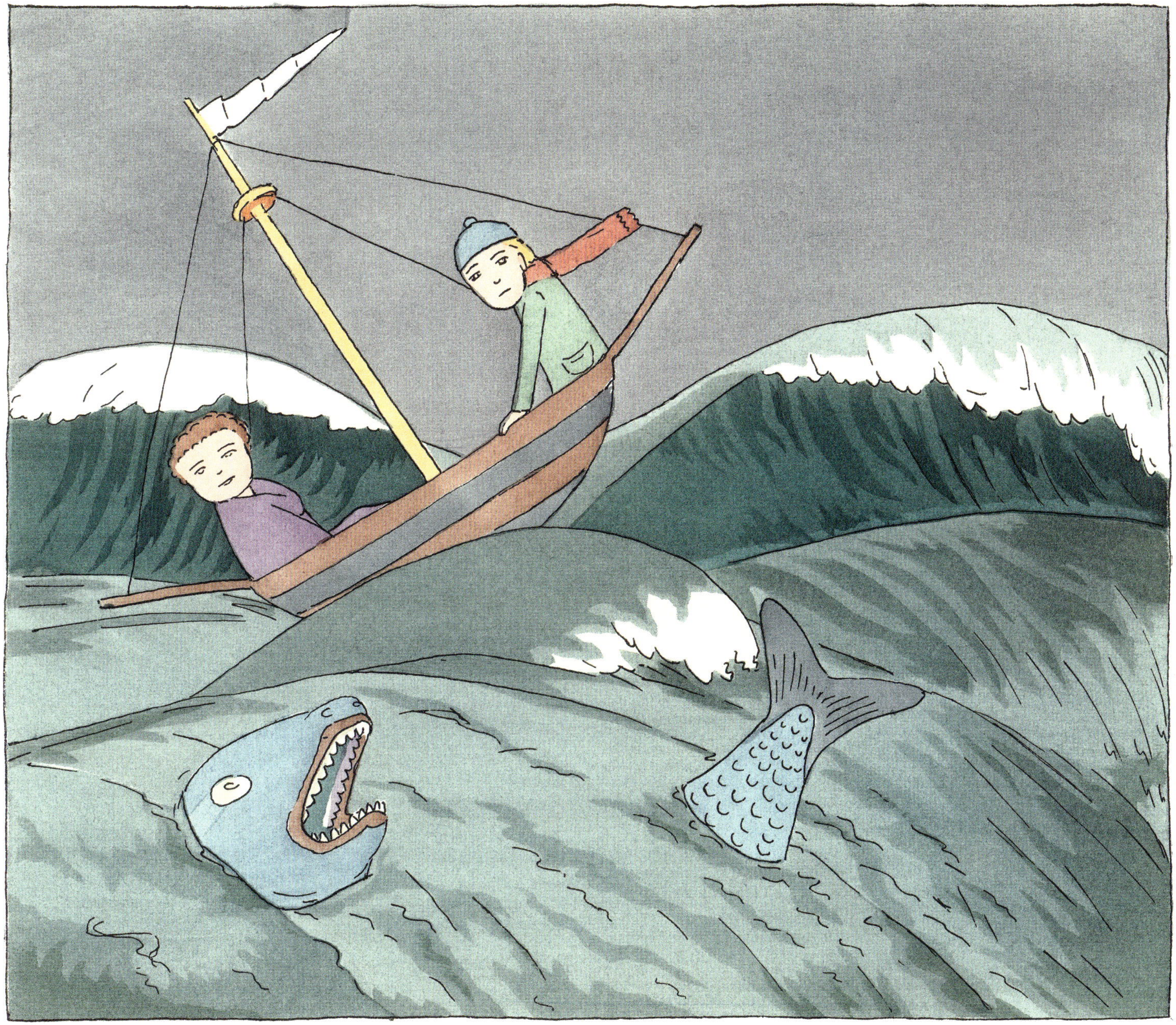

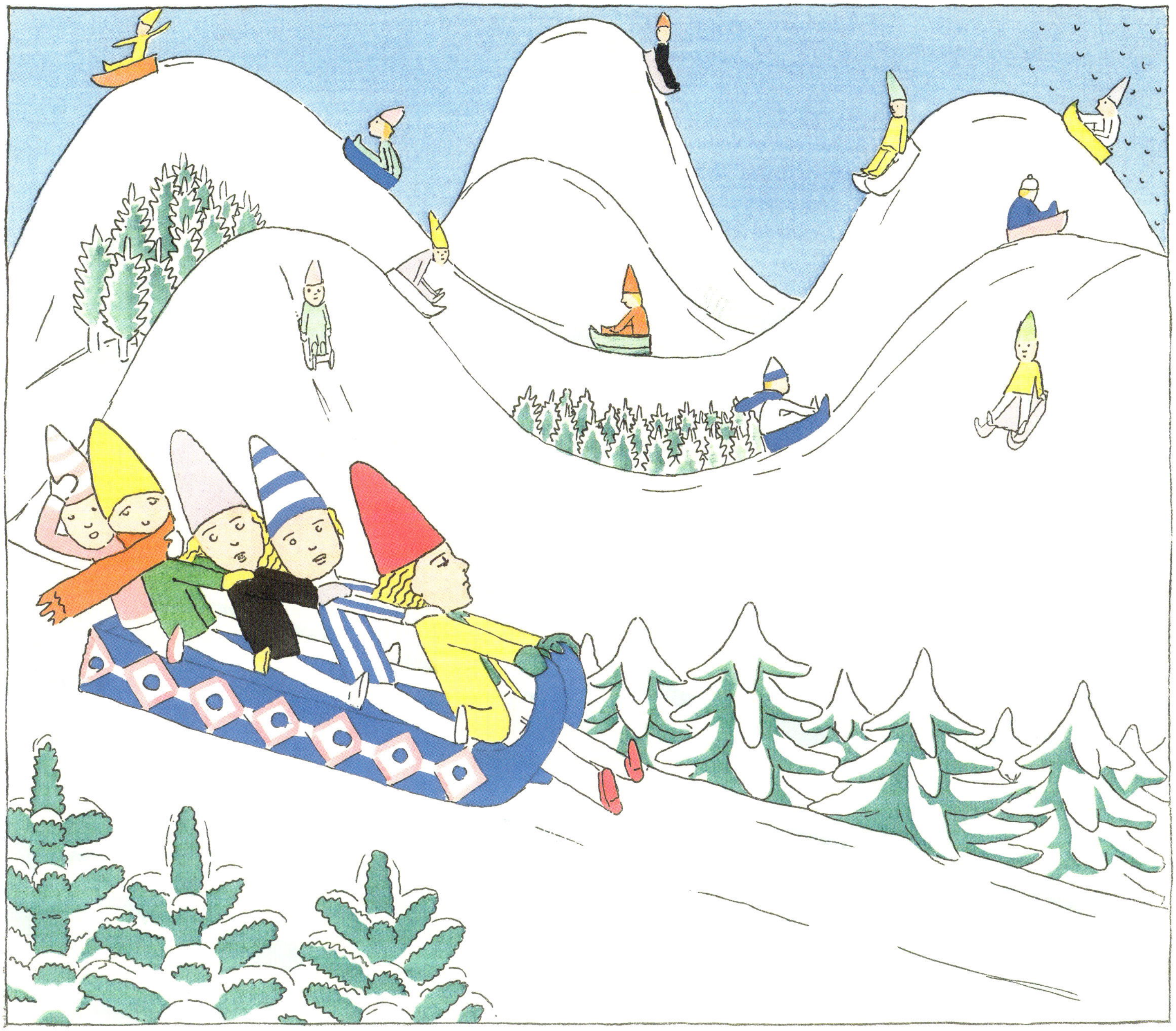

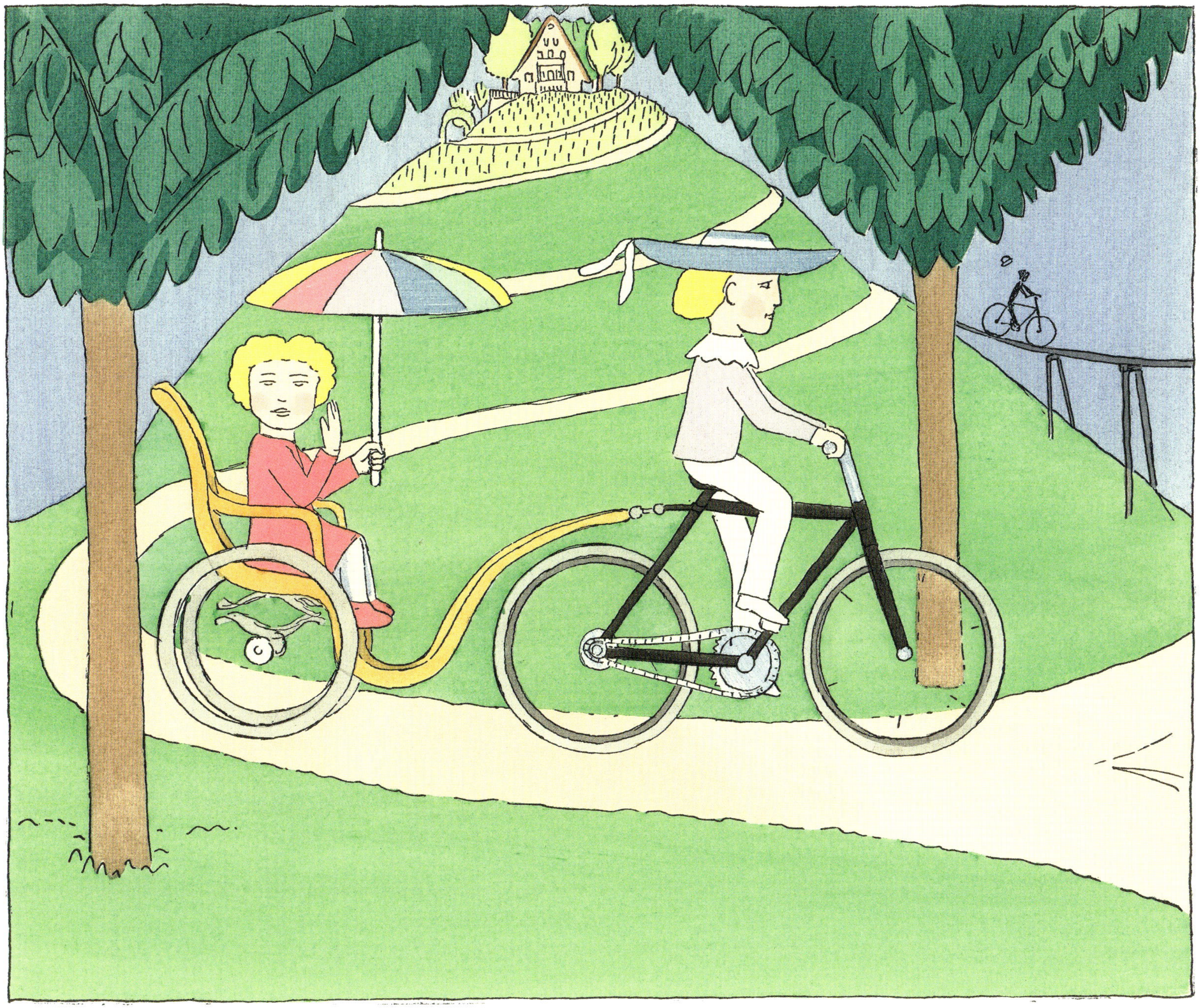

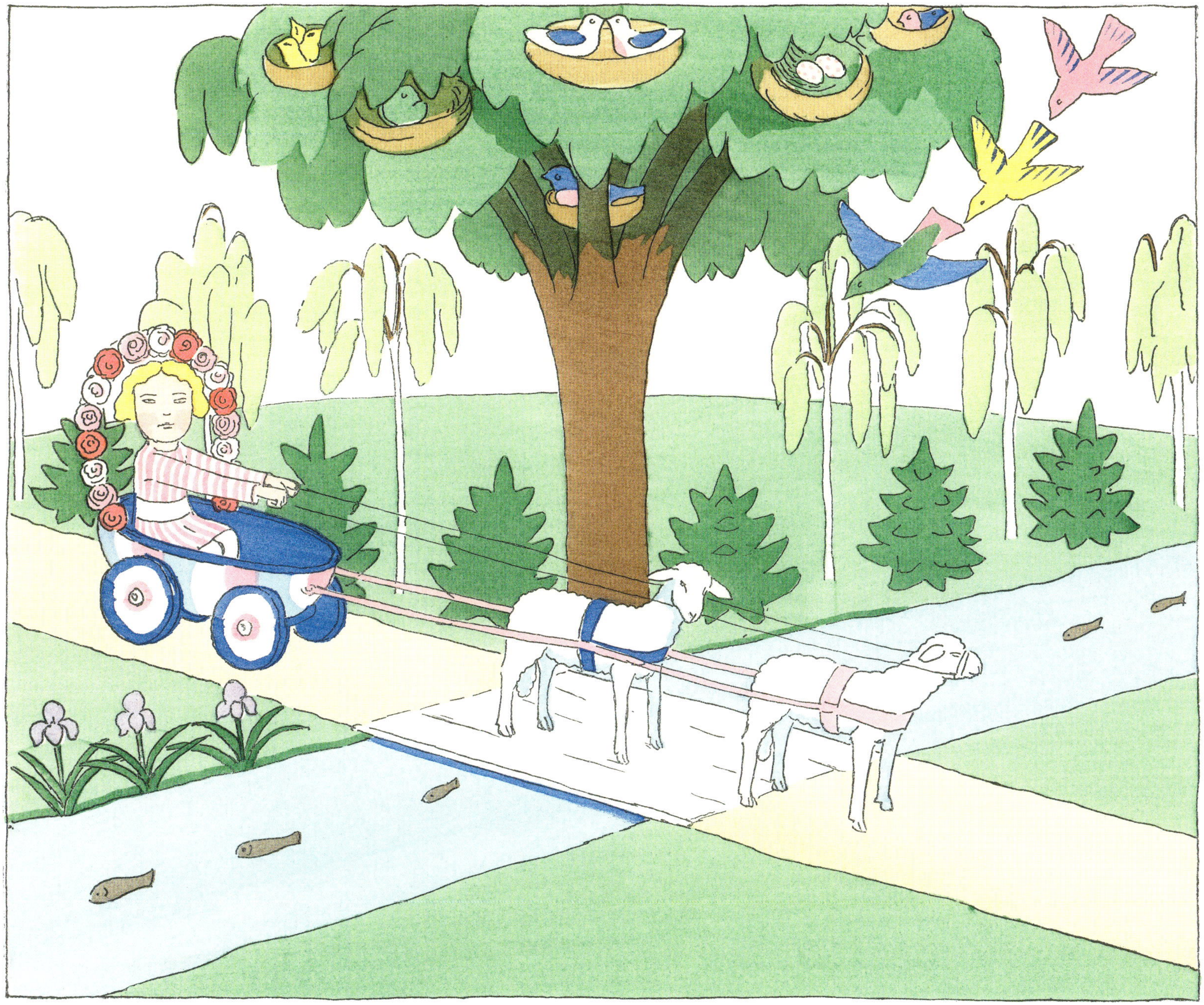

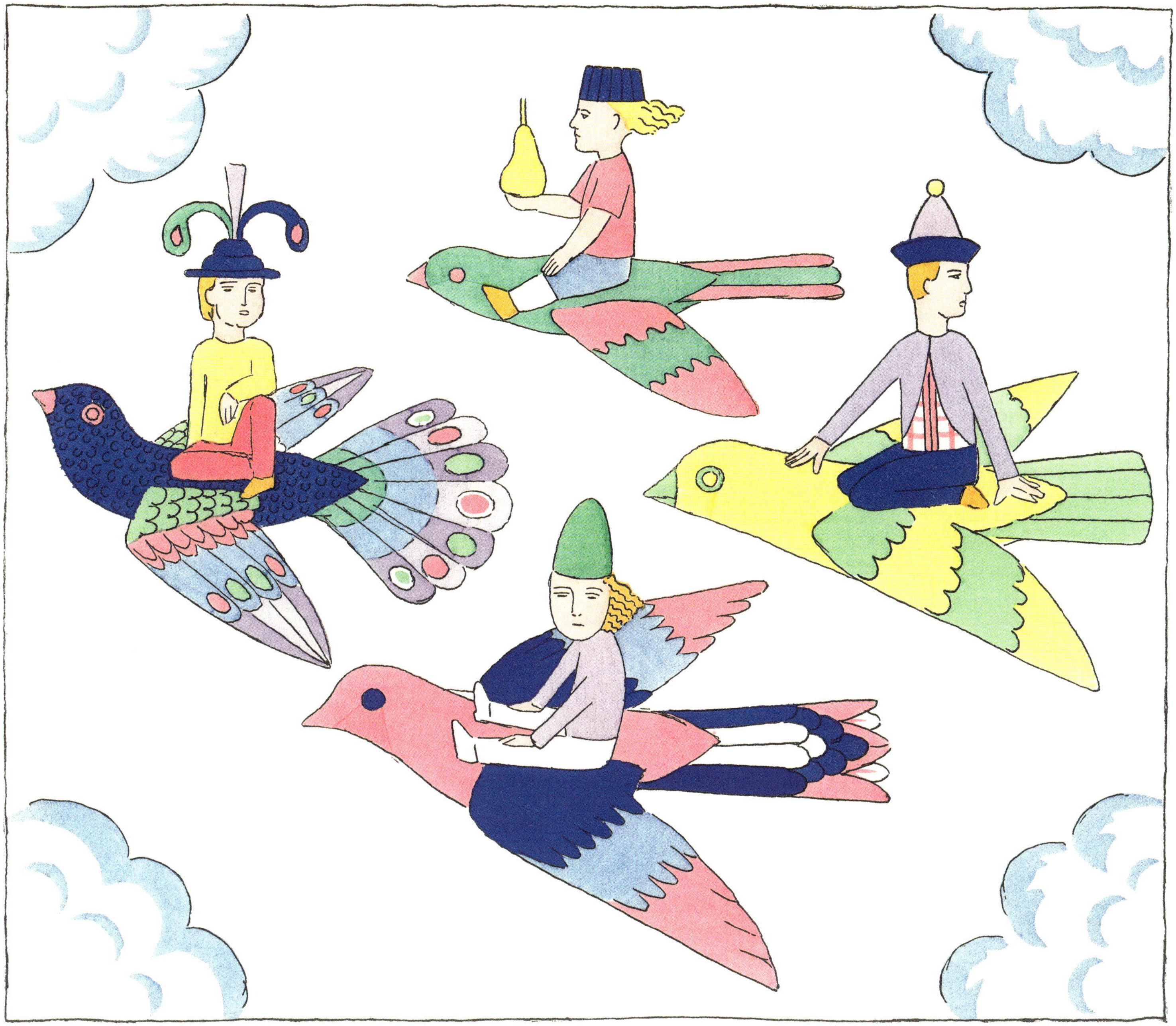

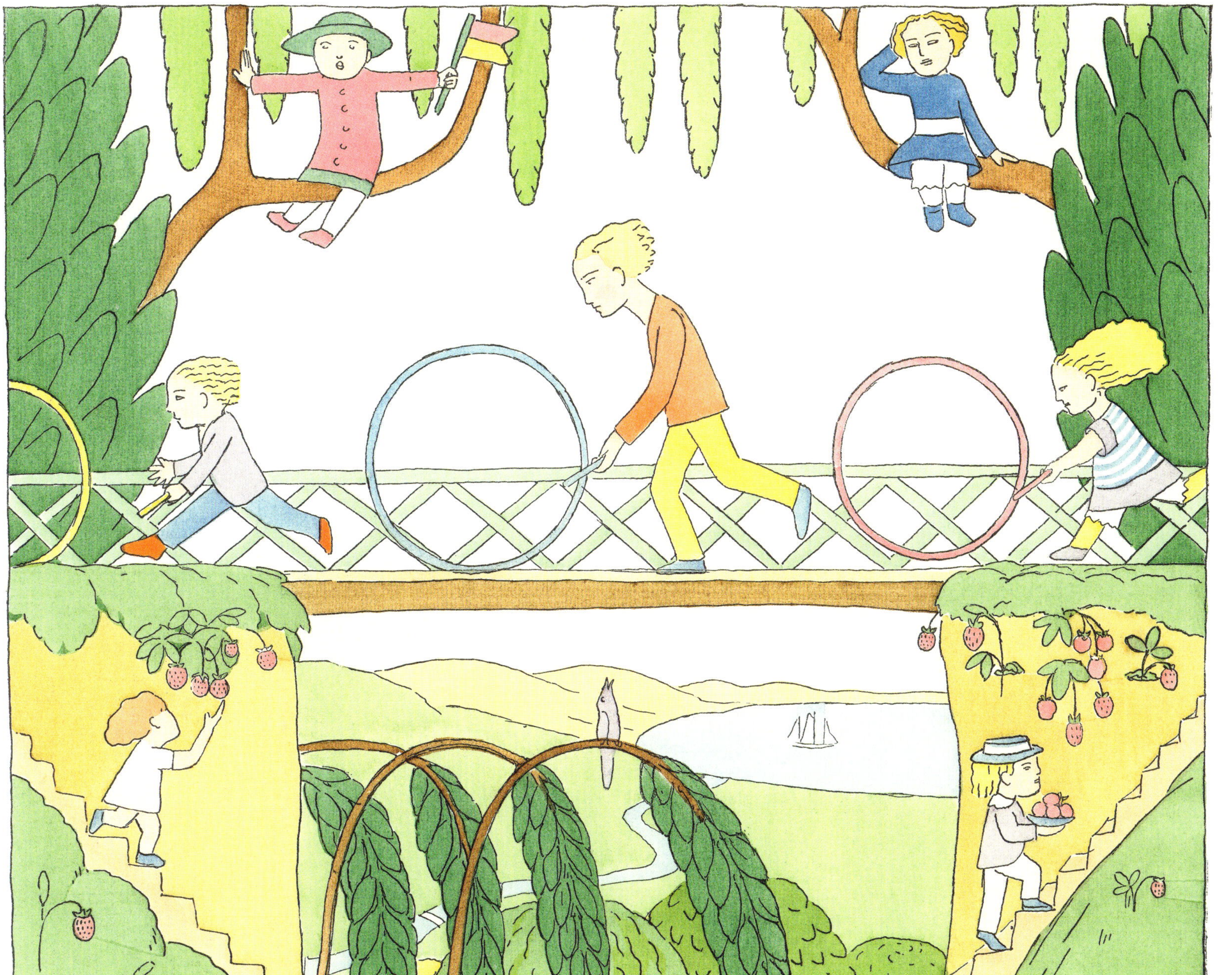

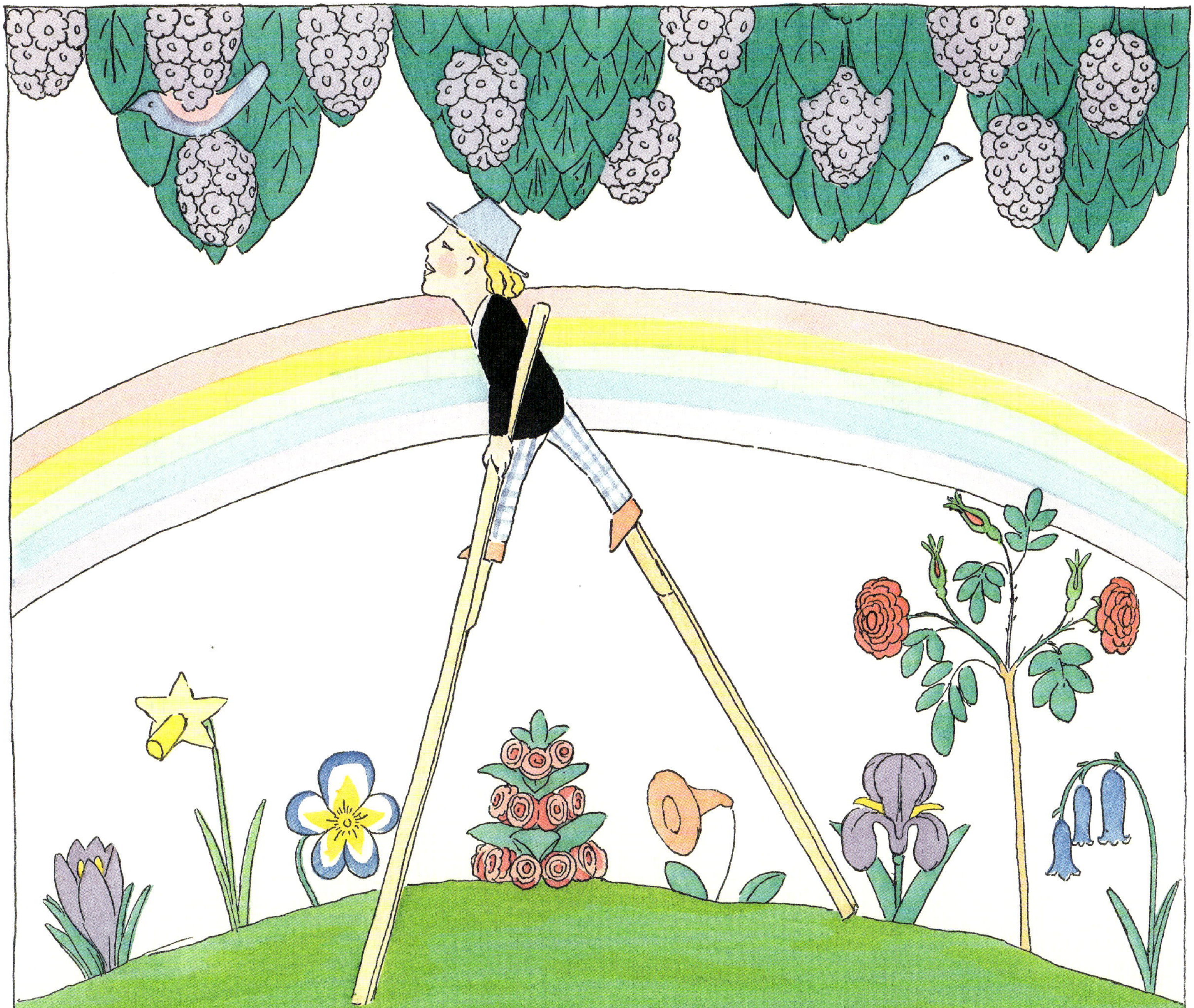

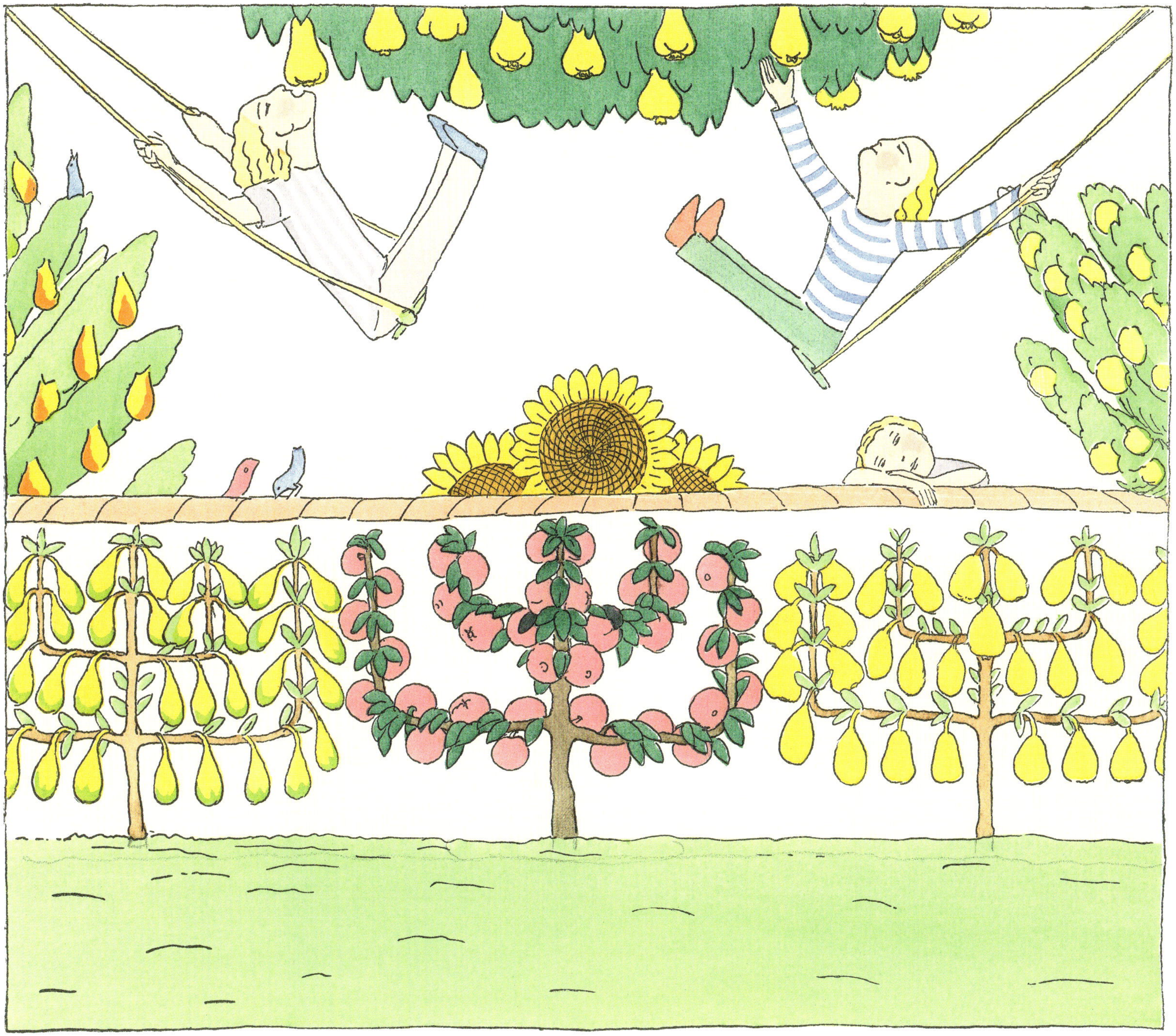

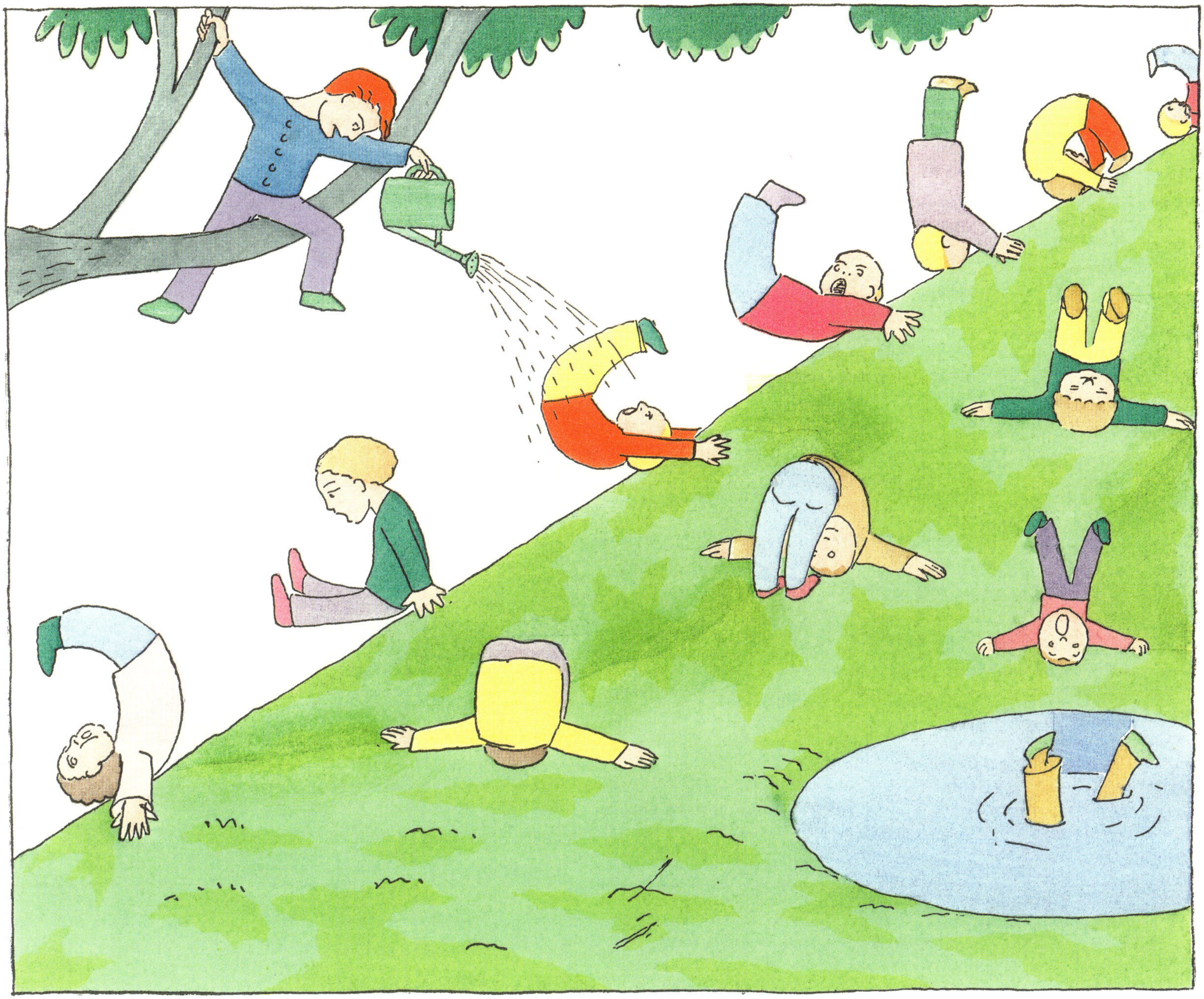

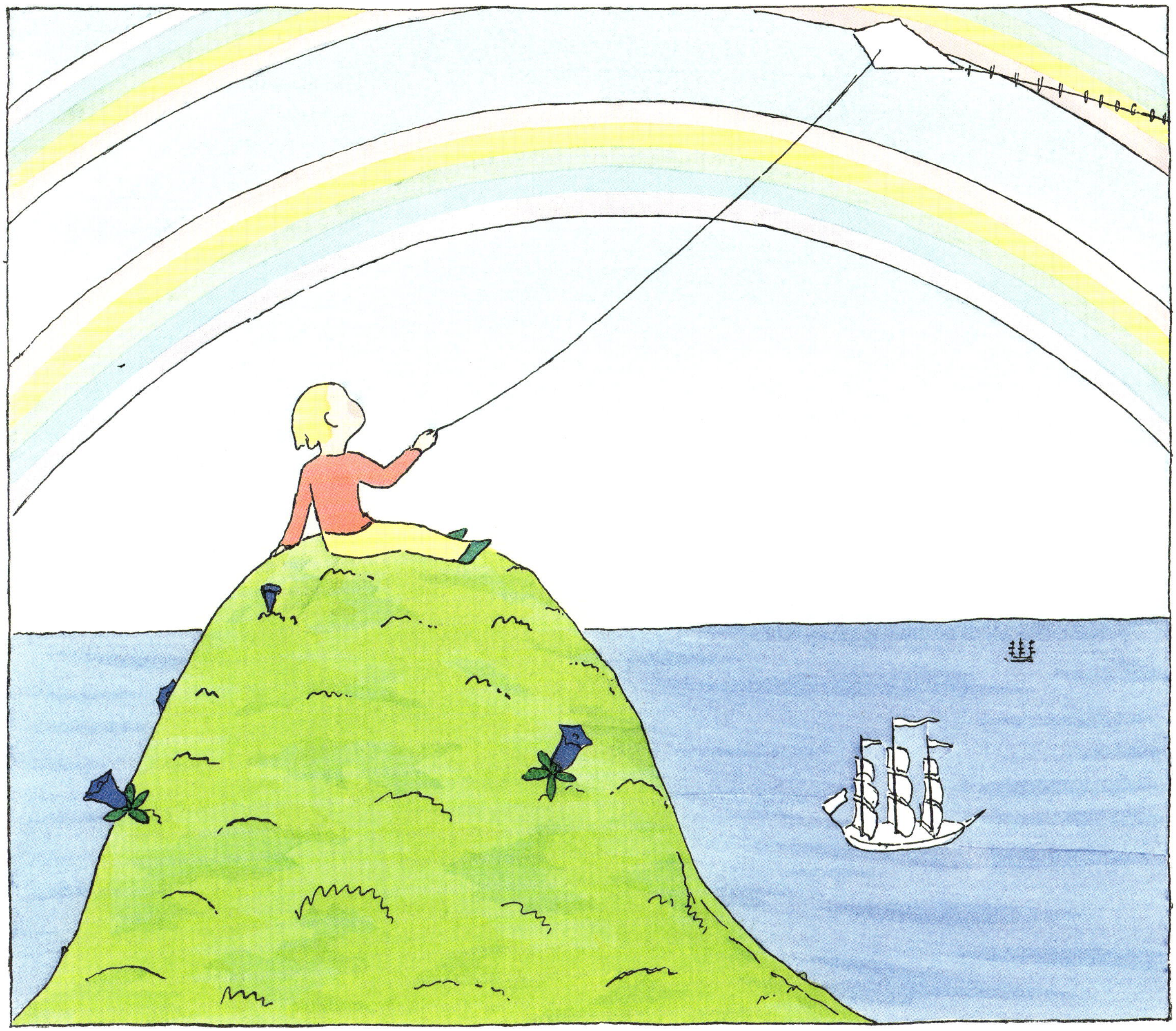

Nachwort

Im Februar 1919 schrieb Rainer Maria Rilke an die mit ihm befreundete Gräfin Marie Therese Murbach-Geldern: „Meinen Sie, daß Ihre Kleinste schon zu erwachsen und stolz ist, um an den mitfolgenden Freyhold'schen Büchern Anteil und Freude zu haben? In diesem Fall wird sie sich, denk ich, nochmal überwinden, wenn sie sieht, daß ihre Geschwister und, wie ich voraussehe, Sie selbst sich gern damit abgeben mögen; sind es nicht die beglückendsten Bilder-Bücher, die es gibt, und wie wenige kennen sie."

Da sprach der Kenner des zutreffenden Empfindens, der in Konrad Ferdinand Edmund von Freyhold (1878–1944) einen Bilderbuchkünstler rühmte, von dessen Bildern schon Richard Dehmel 1902 an Harry Graf Kessler geschrieben hatte: „Ich hatte Bilder (ausgetuschte Holzschnitte) von einem jungen deutschen Künstler hier, den Sie gewiss noch nicht kennen. Wunder von Lieblichkeit! Thoma und Renoir in einem." Und Freyholds Kollege und Freund Emil Rudolf Weiss hatte im selben Jahr in seinem Empfehlungsschreiben zur Bebilderung des „Buntscheck" bekannt: „Was das Verhältnis zu Kindern angeht und den Ausdruck dieses Verhältnisses in unserer Kunst, sind wir alle nur Barbaren gegen ihn."

Freyhold ließ sich zunächst in Karlsruhe ausbilden, siedelte aber früh zeitweilig nach Paris über. Dort entdeckte er unter anderem Henri Rousseau, dessen Bilder er nach Deutschland brachte. Mit seinen eigenen Bildern zum „Buntscheck" hatte Freyhold Richard Dehmel so begeistert, daß dieser ihm zu einem der Vollbilder schrieb: „Wir sind beseligt, weiter gibts keine Worte. Ich werde das Bild an den Schluß des Buches setzen und darunter drucken lassen: Denn ihrer ist das Himmelreich."

Kein Wunder, daß der Herausgeber Dehmel seinem Verleger Hermann Schaffstein diesen Künstler empfahl und ihn ermutigte, Bilderbücher von ihm herauszugeben. Hermann Schaffstein, in seiner Rolle als Vorreiter für das moderne Bilderbuch um 1900, hat diese Empfehlung aufgenommen und 1905 und 1906 zwei Bilderbücher – „Tiere" und „Sport und Spiel" – publiziert, die im Verlagskatalog 1907 unter „Künstlerische Bilderbücher für die Jugend" als Band I und II mit dem Zusatz „Ohne Text. Für die Allerkleinsten. Mit der Hand koloriert" vorgestellt wurden.

Dem Begleittext wurden Rezensionen beigegeben, von denen die der Neuen Zürcher Zeitung sagt: „Ein ganz prächtiges Bilderbuch ist der erste Band einer Serie ‚Bilderbücher von K. F. v. Freyhold'. Er betitelt sich ‚Tiere' und enthält ein Dutzend Tierbilder mit Szenen, die Kinder in ihren Beziehungen zur Tierwelt darstellen. Dabei sind die Figuren stilisiert; aber welch entzückende Farbenpracht und Harmonie, bei der nicht bloß den Kindern das Herz aufgeht, besitzen diese Blätter! Das Buch ist Werk eines echten Künstlers."

Diese Zustimmung haben Freyholds Bilderbücher von den Protagonisten des modernen Bilderbuchs immer wieder erfahren. So etwa bescheinigte 1910 der Kunstwissenschaftler Eugen Lüthgen Freyhold, seine Bilder, die auf die Auffassungskraft der kindlichen Psyche ausgerichtet seien, wichen von aller bisheriger Illustrationskunst ab. „Dabei offenbart sich in diesen Zeichnungen eine Prägnanz der Ausdrucksfähigkeit, die allein einem großen Stil eigentümlich ist. Gerade dadurch muß das kindliche Gemüt tief berührt werden, da ihm Einfachheit und Einfalt in harmonischer Vereinigung absichtslos gegenübertreten. Die Tendenz nach kraftvoller Frische und ungekünstelter Abstraktion sinnfälliger Konturen wird durch die Farbe nachdrücklich unterstützt." Und mehr als siebzig Jahre später sagt Hans Ries: „Behutsam erstehen darauf mit Kinderaugen erschaute Bilder, die jeder grauen Alltäglichkeit ferngerückt sind. Spielen ist eine abgeschiedene, paradiesische Sphäre. Fast immer sind die Kinder unter sich und genügen sich selbst. Ihr spielerisches Verfügen über die Welt ist traumhaft. Tiere treten als Spielgefährten hinzu. Mit ihnen gelingt der Flug über die Wolken."

Es ist im nachhinein erstaunlich und zugleich unbegreiflich, wie zustimmend diese Bücher von den Experten auf- und angenommen wurden und wie gering zugleich ihr Erfolg beim breiten Publikum blieb. Nicht nur Rilke hat das in seinem resignierenden Schlußsatz „und wie wenige kennen sie" betont; Emil Rudolf Weiss hat das viele Jahre später noch drastischer formuliert: „Er hat vor langen Jahren die schönsten Bilderbücher gemacht, was das deutsche Volk immer noch nicht weiß."

Dabei waren Verleger und Künstler anfangs des Jahrhunderts mit viel Euphorie in das gemeinsame Unternehmen gestartet – Freyhold schrieb 1906 an Theodor Reinhart, seinen großen Winterthurer Mäzen und Förderer: „Schaffstein hat sich öfters geäußert, er nähme alles von mir, er bräuchte nicht 2, er bräuchte 20 Bücher von mir, dann könne er erst ein Geschäft machen." Diese Erwartung sollte bald enttäuscht werden – die große Menge verstand diese Bücher nicht, die eine völlig neue Sichtweise der kindlichen Bildbetrachtung eröffneten und heute als die Avantgarde des künstlerischen Bilderbuchs um 1900 gelten. Sie waren dem Zeitgeschmack weit voraus und daher kommerziell eine Enttäuschung – wie so häufig wurde Kunst auch in diesem Falle erst weit später „begriffen" und anerkannt. Bei einem merkantilen Produkt wie einem Buch, dessen Akzeptanz den wirtschaftlichen Erfolg verbürgen muß, kommt diese Annahme durch das Publikum oft zu spät, um die Zwischenzeit wirtschaftlich durchzustehen.

Trotzdem hat Hermann Schaffstein über Jahrzehnte an seinem Künstler festgehalten und die beiden Bilderbücher in der Backlist seines Verlags behalten, auch neu aufgelegt, zumal ihn die offizielle Anerkennung wie beispielsweise die Ausstellung deutscher Kinderbücher 1929 in Moskau immer wieder ermutigte.

Heute sind Freyholds Bilderbücher hoch gehandelte Raritäten auf dem Antiquariatsmarkt; viele Jahre nach ihrer Erstpublikation hat man verstanden, was ihren Reiz und ihre Besonderheit ausmachte und noch heute und gewiß auch in der Zukunft ausmacht. So ist die Zeit für eine Renaissance reif, in der sich nicht nur Kinder – ganz im Sinne des ursprünglichen Werbetextes von Schaffstein: „Bücher ohne Text, voll Kinderseele, Leben und Sonne für kleinere Kinder" –, sondern auch Erwachsene jedes Alters von diesen Wundern an Phantasie, Formen und Farben bezaubern lassen.

Roland Stark